Nathalie Papin

Le gardien des ombres

Théâtre
l'école des loisirs
11, rue de Sèvres, Paris 6ᵉ

À Roger

L'auteure remercie l'O.A.R.A. pour son aide à l'écriture et la compagnie Maesta-Théâtre.

ISBN: 978-2-211-23334-7

© 2017, l'école des loisirs, Paris
Loi numéro 49.956 du 16 juillet 1949 sur les publications destinées à la jeunesse : octobre 2017
Dépôt légal : octobre 2017
*Imprimé en France par I.M.E. by Estimprim
à Autechaux*

PERSONNAGES

Teppoge
Le gardien des ombres
Petite-Pépite
L'homme à la mallette
L'homme au chien
Des gens

Les Ombres :

Ombre-Énorme
Ombre-Père
Ombre-En-Vol
Ombre-Qui-Gigote
Ombre-Regardez-Moi
Ombre-Squelette
Ombre-Pitre
Ombre-Une-Guibole
Ombre-Chien
Ombre-Moi

Et toutes les autres…

PROLOGUE POUR LES OMBRES

Regarder son ombre s'allonger, un soir d'été, est un vrai régal pour les personnes très petites : elles deviennent soudain très grandes.

Regarder son ombre se raccourcir, à midi en plein été, est un vrai régal pour les personnes très grandes : elles deviennent soudain très petites.

Il y a des gens qui contemplent leur ombre.

D'autres qui ne supportent pas leur ombre.

Un jour, il y aura quelqu'un qui abandonnera son ombre.

Puis d'autres suivront et abandonneront leur ombre comme on abandonne un chien ou un chat, parfois, quand on ne sait plus quoi en faire ou que l'on part en vacances.

Si un jour vous ne supportez plus votre ombre, attendez un peu avant de vous en débarrasser.

Premièrement, ce n'est pas si facile.

Deuxièmement, il est plus facile de la donner.

Mais à qui la donner ?

Parce qu'il n'y a pas de gardien des ombres à tous les coins de rue, et surtout un bon gardien des ombres.

Il y en aura un, un jour. Il ne le sait pas encore.
Il s'appelle Teppoge. Et il sera très connu.

Dans la rue, les gens diront :

– Je vais changer d'ombre. Je n'en peux plus.

– Tu vas où ?

– À l'Ombril.

– L'Ombril ?

– Oui, c'est l'endroit où l'on garde les ombres.

– Ah bon ?

– Et c'est où l'Ombril ?

– Chez Teppoge.

– Et c'est où chez Teppoge ?

– Dans le quartier le plus sombre de la ville.

– C'est dangereux.

– Pas du tout. Il faut s'habituer à la pénombre. Puis, on voit.

I

La 1ʳᵉ fois

Teppoge regarde par la fenêtre.
Un passant marche dans la rue.
Le soleil décline et son ombre est assez allongée.
Il y a un espace entre le passant et son ombre.

TEPPOGE
Monsieur ! Monsieur ! Faites bien attention ! Vous perdez votre ombre !

Le passant marche plus vite.

Monsieur, votre ombre !

L'homme court pour distancer son ombre.

Votre ombre !

L'homme s'enfuit.

Monsie… ! M… !

L'homme a disparu.
L'ombre est par terre, elle gigote beaucoup.
Teppoge ramasse l'ombre.

La 2ᵉ fois

Teppoge est chez lui.
Il porte une ombre dans ses bras.
Il la dépose doucement et l'observe.

TEPPOGE
Encore une !
Qu'est-ce que c'est que ces gens qui abandonnent leur ombre ?
Y en a de plus en plus !

L'ombre bouge.

Qu'est-ce que je vais en faire ?

L'ombre s'étire un peu.
D'autres ombres bougent.

Une, deux, trois, quatre pour hier soir.
Cinq aujourd'hui et…
Mais où est la mienne ?
Je sauve les ombres des autres et je ne sais plus où est la mienne.

*L'ombre de Teppoge apparaît à côté de la nouvelle.
On croirait celle d'un enfant.*

Je suis si petit, si malingre ?

Son ombre tremble.

Ne t'inquiète pas ! Je ne vais pas me débarrasser de toi.

Son ombre s'agrandit un peu et se détache de lui.

Ne va pas trop loin quand même !

La 3ᵉ fois

Teppoge est devant une nouvelle ombre : elle est grande et large d'épaules.

TEPPOGE
Baraquée, cette ombre !
La mienne va être ridicule à côté d'elle !

La nouvelle ombre hisse l'ombre de Teppoge sur ses épaules.

C'est l'ombre d'un père, pas de doute.

L'ombre de Teppoge est contente.

La 4ᵉ fois

Teppoge allume une lampe.

TEPPOGE
Voyons quelle ombre nouvelle j'ai recueillie ce soir.

L'ombre flageole.

Ça doit être un choc pour une ombre d'être jetée comme une sale tache.

Elle se rattrape de justesse.

Et celle-ci, elle n'a qu'une jambe !

L'ombre saute sur son pied puis marche sur les mains.

Et deux mains ! Bravo, l'unijambiste.

L'ombre se cambre en arrière et fait un salto arrière.

Bravo ! Tu étais sûrement à un acrobate.

L'ombre se ratatine dans un coin et ne bouge plus.

Qu'est-ce que j'ai dit ? Je t'ai blessée ? Je ne comprends rien, moi, au langage des ombres !

Dès que Teppoge s'approche, elle se recroqueville.

Reste dans ton coin si tu fais la tête !
Déjà, je vous héberge, ensuite je vous trouve une lumière, si, en plus, je dois vous consoler !

Teppoge s'approche : elle se recroqueville encore plus.

Je plains ton acrobate !

L'ombre se déplace très vite. En langage des ombres, c'est une colère.

Acrobate ? Acrobate ?

L'ombre tremble.

Ça va, ça va ! Je ne prononcerai plus ce mot… En tout cas, il devait être très doué… ton… ta… ton acro… acro… patte ! Célèbre peut-être.

L'ombre se tient debout en équilibre sur sa jambe toute droite.

Ombre-Une-Guibole ! Ça sera ton nom, Une-Guibole !

Teppoge est ravi. Son ombre aussi.

La 5ᵉ fois

Teppoge est devant une ombre immense.
Il lit un mot.

« Je vous donne mon ombre, Teppoge. Elle est énorme même à midi. Je n'en peux plus !
   Je ne sais plus où me mettre et c'est dégoûtant ! Votre voisine, la dame d'en face. »

Teppoge est dépité devant cette ombre.
L'ombre de la voisine bouge très délicatement.

TEPPOGE
Ombre-Énorme, tu exagères. Tu prends toute la place.
Ombre-Énorme, tu es très vaste mais tu as une belle forme.
Je te donne le mur du fond, c'est le plus grand.
Le reste est pour les autres.

Son ombre à lui est dans un coin, elle se replie sur elle-même.

La 6ᵉ fois

Il y a une longue file d'attente de gens qui viennent se débarrasser de leur ombre.

– Teppoge, je te donne mon ombre, sinon, je la jette dans la mer.
– Garde mon ombre, Teppoge, elle court plus vite que moi.
– Garde mon ombre, elle me colle, je n'en peux plus.
– J'ai peur de mon ombre, Teppoge, très, très peur.
– Rien à voir avec moi, cette ombre.
– Ombre terre à terre, tchao !
– Bon débarras !
– Trop ronde !
– Trop courte !
– Trop usée !
– Trop tordue !
– Trop couchée !
– Trop, trop, trop… etc.

Teppoge ferme la fenêtre.

La 7ᵉ fois

Teppoge ouvre la fenêtre tout doucement.

TEPPOGE
Ouf, je suis un peu tranquille.
La nuit est noire. Il n'y aura pas d'ombres avant la pleine lune.

Une ombre saute sur le rebord de la fenêtre.

J'ai parlé trop vite. D'où viens-tu, toi ?

L'ombre est en équilibre et vacille.

Tu es à quelqu'un qui a dû sauter dans le vide plusieurs fois et qui a raté ses sauts.

L'ombre se calme.

Tu prends toujours des risques, tu adores ça.

L'ombre est vraiment au bord, elle saute, revient, res-saute.

Entre, Ombre-En-Vol.

L'ombre entre, salue Teppoge et se fond dans le noir.

Si les gens écoutaient leur ombre, le monde irait beaucoup mieux.

L'ombre de Teppoge s'assoit sur le rebord de la fenêtre et regarde dans le vide.
Teppoge ferme la fenêtre.

La 8ᵉ fois

Un homme jette l'ombre de son chien devant Teppoge.

L'HOMME AU CHIEN
Monsieur Teppoge, voici l'ombre de mon chien. Je vous la laisse.

TEPPOGE
Non, ici, c'est un ombril, pas un chenil.

L'HOMME AU CHIEN
C'est pas moi, c'est mon chien qui ne veut plus de son ombre.

TEPPOGE
Si les chiens s'y mettent !

L'HOMME AU CHIEN
Regardez, elle a l'air d'une ombre humaine.

TEPPOGE
Justement, non. C'est non.

L'HOMME AU CHIEN
Bon, je vais noyer mon chien.

TEPPOGE
Il est où votre chien ?

L'HOMME AU CHIEN
Il est malade. Dès qu'il voit son ombre, il est malade. C'est un basset et il a toujours voulu être un lévrier.

L'ombre de Teppoge joue avec l'ombre du chien.

TEPPOGE
Mon ombre aime Ombre-Chien. Je la garde.

L'HOMME AU CHIEN
Merci, merci, vous sauvez mon chien.

La 9ᵉ fois

Un homme est debout dans l'Ombril, une mallette est ouverte devant lui.
Teppoge déplie une ombre sortie de la mallette.

L'HOMME À LA MALLETTE
Mon ombre me fait trop d'ombre. C'est insupportable. Prenez-la, Teppoge.

TEPPOGE
Dommage. C'est très utile un coin d'ombre pour un homme public.

L'HOMME À LA MALLETTE
C'est très encombrant !

TEPPOGE
Dommage !

L'HOMME À LA MALLETTE
Vous la prenez ou vous ne la prenez pas ?

Teppoge
Non. Gardez-la.

L'homme à la mallette
Vous voulez combien ? Je vous donne beaucoup d'argent si vous la prenez.

Teppoge
Je n'achète pas les ombres des autres. Je ne suis pas le diable !

L'homme à la mallette
Vous lisez trop de bêtises. Je ne suis pas non plus Peter Schlemihl, l'homme qui a vendu son ombre au diable.

Teppoge
Vous pouvez le garder, votre argent. Une ombre ne s'achète pas.

L'homme à la mallette
J'achète tout, moi, même la mort.

L'ombre de l'homme à la mallette fait le mort. Teppoge rit.

Teppoge
Votre ombre fait toujours le pitre comme ça ?

L'homme à la mallette
Oui. Ça nuit à mon image.

TEPPOGE
Vous avez tort. Les gens aiment rire.

L'HOMME À LA MALLETTE.
Ça ne donne aucun pouvoir.

TEPPOGE
Faut voir… Je la prends, votre ombre. Pour rien. Gratis.

L'HOMME À LA MALLETTE
Bon débarras.

Il part et son ombre imite ses grands pas.

TEPPOGE
Bienvenue, Ombre-Pitre.

La 10ᵉ fois

Teppoge tient une ombre dans le creux de ses mains. L'ombre bouge. C'est l'ombre d'une petite fille.

Teppoge
Ombre toute petite, il n'y a pas de place pour toi. Tu es trop petite, tu vas disparaître parmi les autres.

Ombre toute petite trépigne.

Non, je ne peux pas te garder, ombre toute petite, va-t'en.

Ombre-Toute-Petite
Garde-moi, Teppoge.

Silence.

Garde-moi, Teppoge.

Teppoge
Ça y est, je suis fou, j'entends parler les ombres !

La 11ᵉ fois

Teppoge est à peine visible parmi toutes les ombres.
Il les installe sur les murs ou dans de petites niches avec toutes les lampes qu'il peut trouver.

TEPPOGE
Ça suffit! Je n'ai plus de place. Dehors, allez, dehors!
…
Et chacune veut sa lumière : un peu plus près, un peu plus loin, de côté, par-dessus, en biais, comme ci, comme ça, jamais pareil!
Envahi, je suis envahi! Il n'y a même plus la place pour l'ombre d'un moustique.
…
Et la mienne fait n'importe quoi.

Ombre-Moi fait un très haut jet de pipi.
Petite-Pépite applaudit.
Ombre-Chien applaudit avec ses oreilles.

La 12ᵉ fois

Teppoge contemple ses ombres.
L'homme à la mallette arrive avec fracas et jette une nouvelle ombre aux pieds de Teppoge.

L'HOMME À LA MALLETTE
Cette ombre passe son temps à se faire remarquer.
Elle nuit à ma carrière. Prenez-la.

TEPPOGE
À qui est-elle ?

L'HOMME À LA MALLETTE
À ma fille. Bonne à rien. Elle a cette lubie de s'enrouler autour d'elle-même.
Et on parle beaucoup trop d'elle.

TEPPOGE
Il y a une règle ici : on ne peut pas apporter l'ombre d'un autre ou d'une autre.

L'HOMME À LA MALLETTE
Moi, je fais ce que je veux.
Et tous ceux qui me feront de l'ombre finiront ici. Même ma fille.

L'ombre s'enroule en spirale.

TEPPOGE
Vous avez tort, cette ombre a du talent.

L'ombre se déroule avec une grande élégance.

Magnifique, quelle grâce !

L'HOMME À LA MALLETTE
Vous trouvez ça beau ? C'est très laid.

TEPPOGE
Je la garde et je ne veux plus vous voir.

L'HOMME À LA MALLETTE
C'est moi qui décide quand on peut me voir et quand on ne peut pas me voir.

TEPPOGE
Je préfère la compagnie de l'ombre de votre fille.

L'ombre nouvelle s'enroule et roule sur elle-même.

TEPPOGE
Je n'ai jamais vu cela : elle se plie et se déplie.

L'HOMME À LA MALLETTE.
Si elle pouvait rester pliée !

Il s'en va.

Ombre-Une-Guibole s'approche, la relève.

TEPPOGE
Elles sont faites pour s'entendre ces deux-là.

L'ombre dépliée se déploie.

TEPPOGE
Bienvenue à l'Ombril, Ombre-Regardez-Moi.

Ombre-Moi essaie de s'enrouler sur elle-même, elle n'y arrive pas.
Ombre-Chien tourne sur elle-même en essayant de se mordre la queue.

À la treizième, vingtième et trentième fois, ça devient une façon de vivre.

Chaque soir, Teppoge allume toutes sortes de lumières.
Il y en a une pour chaque ombre.
Et il y en a de plus en plus.
Il passe du temps avec chacune.
Parfois, il les aide à se déployer ou, au contraire, à se raccourcir.
Elles sont en pleine forme.
Teppoge est très inspiré.

Teppoge
Ombre-Une-Guibole, rattrape Ombre-En-Vol en vol : c'est très beau de porter quelqu'un quand on n'a qu'une seule jambe.

Ombre-Qui-Gigote, oui, saute d'un mur à l'autre et retombe droit sur le rebord de la fenêtre.

Et toi, Ombre-Père…

Petite-Pépite, Ombre-Moi et Ombre-Chien sont côte à côte.
Ils l'écoutent attentivement.

À la centième fois, il est tellement fatigué qu'il s'endort sans éteindre les lumières et les ombres peuvent jouer toute la nuit.

II

1

Teppoge allume une allumette.
Elle s'éteint.
Il allume une autre allumette.
Elle s'éteint.
Il allume une troisième allumette.
Petite-Pépite est là. Ombre-Moi aussi.

PETITE-PÉPITE
Je n'aime pas les courants d'air.

TEPPOGE
Je suis obligé d'utiliser une seule allumette pour te voir.

Sinon, les autres ombres te recouvrent et tu es invisible.

Teppoge regarde longuement Petite-Pépite.

PETITE-PÉPITE
Je me sens très bien ici.

Teppoge
Ah bon ?

Petite-Pépite
Et puis, je m'entends très bien avec ton ombre.

Teppoge
J'ai vu. Elle est souvent avec toi.

Petite-Pépite
On s'amuse beaucoup.

Teppoge
Oui, et quand vous jouez ensemble, j'ai l'impression que vous l'avez toujours fait.

Petite-Pépite
Hum.

Teppoge
Elle est où ?

Petite-Pépite
Pas loin.

Teppoge
Je perds mon ombre tellement il y en a. Et il y en a trop.

Les ombres s'agitent, affolées.

PETITE-PÉPITE

Hum… Il y a encore deux nouvelles aujourd'hui.

TEPPOGE

Non, je ne veux plus.
Je suis au bout du rouleau.
Fatigué, épuisé, lessivé.

PETITE-PÉPITE

Je suis là !

TEPPOGE

J'ai l'impression que j'ai fait une bêtise en ouvrant l'Ombril.

PETITE-PÉPITE

Toi, tu as des idées noires.

TEPPOGE

Je leur ai donné de l'espoir à ces ombres, et après ?

PETITE-PÉPITE

Tu as les idées très très noires.

TEPPOGE

Je crois que je vais fermer l'Ombril.

PETITE-PÉPITE

Ah non !

Teppoge
Je suis fatigué.

Ombre-Moi déboule en trombe.

Ombre-Moi va très bien. Pas moi.

Un petit courant d'air éteint l'allumette.

Je vais rester dans le noir pour me reposer un peu.

Petite-Pépite
Bonne nuit, Teppoge.

2

Teppoge est dans sa maison aux volets fermés.
Il y a un rai de lumière sous la porte.
L'ombre d'un squelette est là.

PETITE-PÉPITE
Teppoge, il y en a une qui est entrée par-dessous la porte.

TEPPOGE
T'as rien à faire ici, Ombre-Squelette !
Dehors !

L'ombre fait vibrer ses côtes et un joli son en sort.

PETITE-PÉPITE
Une ombre musicale ! C'est exceptionnel !
S'il te plaît, Teppoge !

L'ombre s'infiltre dans la maison.

3

Les ombres tournent autour de la pièce lentement puis de plus en plus vite.
On dirait une parade de cirque, un manège d'ombres.
Petite-Pépite apparaît, disparaît.
Un peu comme une ombre d'étoile.

Teppoge est ébloui.
Ombre-Chien essaie de faire un salto arrière, il tombe sur le nez.
Teppoge rit.
Ombre-Regardez-Moi se cambre en arrière et forme un pont.
Ombre-Une-Guibole y pose ses mains et monte en équilibre.

TEPPOGE
On dirait que le Cirque des Ombres est né.

4

Teppoge allume une petite bougie d'anniversaire.
Petite-Pépite est là.

TEPPOGE
Ça fait un an que tu es là, bon anniversaire !

PETITE-PÉPITE
Déjà ?

TEPPOGE
Depuis que tu es là, Ombre-Moi est bien plus gaie.

Petite-Pépite rougit même si ça ne se voit pas.

Je pars en voyage. C'est vraiment décidé.
Et je pars avec les ombres que je préfère. Il y en a huit.

PETITE-PÉPITE
Et on part quand ?

TEPPOGE
Hum… Pour toi, j'ai pensé à autre chose.

PETITE-PÉPITE
Tu ne m'emmènes pas ?

TEPPOGE
Je préfère que tu restes ici.

PETITE-PÉPITE
Je suis trop petite ?

TEPPOGE
Non, tu garderas l'Ombril.

PETITE-PÉPITE
Pas sans toi.

TEPPOGE
Tu seras la nouvelle gardienne de l'Ombril.

PETITE-PÉPITE
Non, je veux venir avec toi.

TEPPOGE
Ombre-Moi restera ici.

PETITE-PÉPITE
Tu fais comme les autres : tu abandonnes ton ombre.

TEPPOGE
Tu t'en occuperas très bien.

PETITE-PÉPITE
Il faudrait ouvrir un autre Ombril et toi tu t'en vas.

TEPPOGE
Tu es la nouvelle gardienne de l'Ombril. Et tu feras mieux que moi.

PETITE-PÉPITE
Et Ombre-Chien ?

TEPPOGE
Elle restera avec toi, aussi.

PETITE-PÉPITE
C'est qui tes préférées ?

TEPPOGE
Ombre-Énorme, Ombre-Père, Ombre-En-Vol, Ombre-Qui-Gigote, Ombre-Regardez-Moi, Ombre-Pitre, Ombre-Squelette, Ombre-Une-Guibole.

PETITE-PÉPITE
Ombre-Regardez-Moi ? Mais, c'est une vraie crotte !
Et pourquoi huit ?

Teppoge
Un huit couché, c'est l'infini!
Et Ombre-Regardez-Moi est très douée pour l'acrobatie.

Petite-Pépite est blessée.
Elle ne dit plus rien.
Ombre-Moi lui prend la main.

5

C'est le moment du départ.
Teppoge se tient devant les huit ombres.
Petite-Pépite est plus grande que d'habitude.
Ils sont tous les deux très solennels.

TEPPOGE
Voilà, nous sommes prêts.

PETITE-PÉPITE
Et Ombre-Moi ?

TEPPOGE
Quoi, Ombre-Moi ?

PETITE-PÉPITE
Tu es bien sûr de vouloir la laisser là ?

TEPPOGE
Oui. Il n'y a qu'à vous regarder, vous êtes inséparables.

Petite-Pépite et Ombre-Moi sont côte à côte, elles sont de la même taille et se ressemblent.
Elles jouent à se superposer, se mélanger, ça fait de drôles de formes.

6

Dans la ville, les gens chuchotent :

– Teppoge est parti.
– Avec huit ombres.
– Ombre-Regardez-Moi est du voyage.
– C'est louche.
– Et l'Ombril ?
– Ouvert.
– Il y a une nouvelle gardienne.
– Petite-Pépite.
– Ah bon ?
– Petite-Pépite est une Ombre !
– Et elle parle.
– Ça cache quelque chose.
– C'est louche !
– L'Ombril est toujours au même endroit ?
– Oui. Oui.
– C'est bien plus beau qu'avant.
– C'est louche.

III

1

Le Cirque des Ombres connaît un grand succès partout où il passe.

Les gens sont éblouis :

– Tu as vu le Cirque des Ombres ?

– Une merveille !

– Dix fois, je l'ai vu.

– Qui veut trois billets pour le Cirque des Ombres ?

– Si tu es sage, on ira voir le Cirque des Ombres.

– Moi aussi, j'y retourne ce soir.

– Je préfère aller le voir à Moscou.

– À Paris, c'est mieux, au Cirque d'Hiver.

– Et à Londres, cet hiver.

– À Montréal, sous la neige, le chapiteau est sublime.

– À Oulan-Bator !

– À Thimphou !

– À Pretoria !

– Y a pas que les capitales. Je l'ai vu à Plougasnou en Bretagne.

– Et moi, à Terrasson.

– J'ai un billet pour Vladivostok l'année prochaine.

– Et moi, je vais à Oloron-Sainte-Marie.

– Et Sainte-Opportune-du-Bosc !

– C'est où ?

Etc.

2

Teppoge entre sur une piste et s'arrête au milieu.

Mesdames, messieurs, chères ombres cachées, chères ombres visibles, le célèbre Cirque des Ombres est bien là devant vous !

Regardez Ombre-Énorme, elle qui ne savait pas où se mettre, elle est devenue un chapeau, un chapiteau.

Regardez Ombre-Père porter des enfants, qui n'étaient que l'ombre d'eux-mêmes, jusqu'au chapiteau. Ils sont là par centaines.

Et les acrobates regardez-les bien !

Il y a Ombre-En-Vol qui court sur les murs, les mâts, les maisons... et revient par le haut du chapiteau.

Il y a Ombre-Qui-Gigote qui retombe droit sur ses pieds après un triple salto arrière.

Regardez bien Ombre-Regardez-Moi : elle se cambre en arrière à rendre jaloux tous vos chats.

Et Ombre-Pitre, elle fait rire le public vingt-trois minutes sans s'arrêter en tombant d'une chaise-ombre. Ce soir, un record sera atteint !

Et Ombre-Squelette ? Oui, cher public, la seule

ombre musicale au monde! Une très grande percussionniste! Toutes vos ombres vont en trembler d'extase.

Et Ombre-Une-Guibole? Quand ils la voient, tous les unijambistes veulent devenir acrobates et tous les acrobates veulent devenir unijambistes.

Cher public de corps et d'ombres, Teppoge et ses ombres vous disent: « Perdez votre ombre et vous perdez un talent, découvrez-la et vous en retrouvez un! »

Ombre-Squelette entre et joue, suivie des cinq autres.

3

Dans l'Ombril, Petite-Pépite écrit une lettre d'ombre sur le mur éclairé par sa bougie.

Cher Teppoge,

Aujourd'hui, une chose étrange est arrivée.
Et ce n'est pas la première fois.
Une personne est venue rependre son ombre à l'Ombril.
Elle a tellement aimé le Cirque des Ombres qu'elle a regretté de l'avoir abandonnée.
Je suis très contente de ces retrouvailles.
Et toi, comment vas-tu ?

Petite-Pépite.

4

Dans l'Ombril, il y a une longue file d'attente.

– La revoilà, mon ombre !
– Ah non, c'est la mienne !
– Pas du tout, la vôtre est ratatinée.
– Celle-ci a de l'allure.
– Je l'ai vue le premier.
– C'est la mienne !
– Plus maintenant.
– Fallait pas l'abandonner !
– Et celle-ci, elle n'a l'air de rien, c'est la vôtre ?
– Comme elle a changé !
– Comme c'est bon de te retrouver !
– Viens là ! Viens là, mon ombre !

5

Teppoge écrit une lettre.
Les huit ombres sont autour de lui.

Chère Petite-Pépite,

Le Cirque des Ombres est un triomphe, nous jouons pour la millième fois, ce soir.
Comment vont Ombre-Moi et Ombre-Chien ?
Et toi ? Personne n'est venu te chercher ?
Ça m'inquiète.
Ça m'empêche de dormir.

Ton grand Teppoge.

PS : Fais bien attention aux truands surtout ceux qui ont des mallettes.
Il y en a pas mal qui rôdent.

6

Petite-Pépite se repose.
Tant mieux (qu'elle soit reposée) parce que l'homme à la mallette est revenu.

L'HOMME À LA MALLETTE
Le Cirque des Ombres a beaucoup de succès et c'est grâce à moi.

PETITE-PÉPITE
Pas du tout, c'est Teppoge qui a monté ce cirque.

L'HOMME À LA MALLETTE
Non, c'est moi. Avec mes ombres, Ombre-Pitre et Ombre-Regardez-Moi!

PETITE-PÉPITE
Tu les as abandonnées, tes ombres.
Tu voulais même donner de l'argent à Teppoge pour qu'il les prenne.

L'HOMME À LA MALLETTE
Elles sont à moi.

PETITE-PÉPITE
Tu mens.

L'HOMME À LA MALLETTE
Teppoge est un imposteur !
Il devra rembourser, dommages et intérêts.
Demain ça sera écrit dans tous les journaux.
Ils sont à moi aussi, les journaux.

PETITE-PÉPITE
Sors de l'Ombril.

L'HOMME À LA MALLETTE
Ce n'est pas une petite tache qui va faire la loi.

PETITE-PÉPITE
C'est Teppoge qui a créé ce cirque, avec les ombres !

L'HOMME À LA MALLETTE
Ton Teppoge, je le ferai jeter en prison.

Il s'en va à grands pas, comme d'habitude.
Ombre-Moi et Ombre-Chien consolent Petite-Pépite.

7

Les gens dans la rue de l'Ombril :

— Vous connaissez la nouvelle ?
— Teppoge est en prison.
— Pas encore.
— Il est accusé de vol.
— Séquestration.
— Abus de confiance.
— Il avait l'air d'un homme bien.
— Dommage, j'avais trois places.

8

Teppoge est en prison. Il dort. Il est très agité.
Il rêve.
Il se réveille.
Il se met à écrire.

Chères Petite-Pépite et Ombre-Moi,

L'homme à la mallette a fini par tout perdre.
Ça ne me console pas.
J'aurais préféré que le cirque continue même sans moi.
C'était tellement beau.
Les gens avaient de la lumière dans les yeux quand ils nous voyaient.
Je tiens beaucoup à vous.

Votre grand Teppoge.

PS : Je serai bientôt sorti de cette prison, j'ai hâte.

9

Teppoge est chez lui.

TEPPOGE
C'est bon de revenir chez soi.
Même si c'est un peu vide.

Une lumière s'allume, Ombre-Moi apparaît.

Tu es là, Ombre-Moi.

Il regarde Ombre-Moi, longuement.

Pas si malingre, cette ombre.
Filiforme, souple, avec un petit balancement charmant.
Pas si mal.
Je ne l'avais pas bien regardée.

Ombre-Moi salue longuement Teppoge qui la salue à son tour.

Enchanté !

Puis Teppoge fait craquer une allumette. Petite-Pépite apparaît.

TEPPOGE
Te voilà aussi, Petite-pépite.

Il regarde longuement Petite-Pépite.

PETITE-PÉPITE
Personne ne viendra jamais me chercher, jamais.

TEPPOGE
Mais, qui es-tu ?
À qui es-tu ?

PETITE-PÉPITE
À quelqu'un parti depuis longtemps, pour toujours.

Petite-Pépite diminue, diminue, diminue.

TEPPOGE
Reste avec moi.

Ombre-Moi retient doucement Petite-Pépite.
Petite-Pépite se rallonge un peu.

PETITE-PÉPITE
Tu sais, Teppoge, la lumière dans les yeux des gens, tu la retrouveras.
Elle apparaît, elle disparaît.
Comme les ombres.

10

Teppoge regarde par la fenêtre.
Petite-Pépite est à côté de lui.
Ombre-Une-Guibole marche dans la rue, suivie de son acrobate unijambiste.

Teppoge

Il en a mis du temps, celui-là, à aimer son ombre.

Petite-Pépite

Comme toi.

11

Une ombre passe dans les yeux de Teppoge.
Une ombre joyeuse.

TEPPOGE
Petite-Pépite, je crois que je vais créer un autre Cirque des Ombres.

PETITE-PÉPITE.
Avec quelles ombres ? Tes préférées ?

TEPPOGE
Ombre-Chien, Ombre-Moi…

Petite-Pépite frémit.

Et… toi, Petite-Pépite.

PETITE-PÉPITE
Que tous les trois ?

TEPPOGE
Ce sera un tout petit Cirque des Ombres.
Avec mes préférées et personne ne pourra me les prendre.

Teppoge pose Petite-Pépite et Ombre-Moi dans chacune de ses mains.

Il leur donne un élan avec ses bras.

Elles décollent, tourneboulent en l'air, se mélangent et retombent sur le dos d'Ombre-Chien.

ÉPILOGUE

Teppoge est devant son ombre devenue élégante.

Teppoge
Ombre-Moi… Il est 17 heures, je vais sortir. Le soleil se couche et j'ai envie de te voir t'allonger.

Il contemple son ombre.

J'ai belle allure !
Comment Petite-Pépite l'a vu tout de suite ?

Il joue avec son ombre.

Je ne sais pas si c'est moi qui ai changé ou mon ombre qui a changé.

Son ombre danse.
Ombre-Chien aboie de joie.
Petite-Pépite n'est pas loin.